El papá les muestra a los niños un rectángulo.

—Ahora, encuentren un rectángulo en la calle —les pide.
Kamal y Fara buscan un rectángulo.

Kamal y Fara señalan un autobús que pasa cerca.

—¡Ese autobús es un rectángulo! —exclama Kamal.

—¡Correcto! El autobús es un rectángulo —dice el papá.

Encuentra las figuras geométricas

Kamal y Fara caminan con su papá por la ciudad. El papá ayuda a Kamal y Fara a aprender las figuras geométricas.

Kamal, Fara y el papá caminan por otra calle.

—¿A dónde vamos? —pregunta Fara.

—Es una sorpresa —le contesta el papá.

—¿Es la sorpresa una figura? —pregunta Kamal.

edificio

El papá les muestra a los niños un cuadrado.

—¿Ven el cuadrado que está junto a ese **edificio**? —pregunta el papá.

Kamal y Fara buscan un cuadrado.

Fara señala una gran caja marrón en los escalones.

—Creo que la caja marrón es un cuadrado —dice Fara.

—¡Sí, esa caja es un cuadrado! —le contesta el papá.

Lados y esquinas

Algunas figuras geométricas tienen **lados rectos**. Los lados se unen para formar **esquinas**. Estas figuras tienen lados rectos y esquinas.

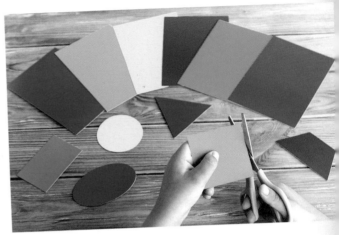

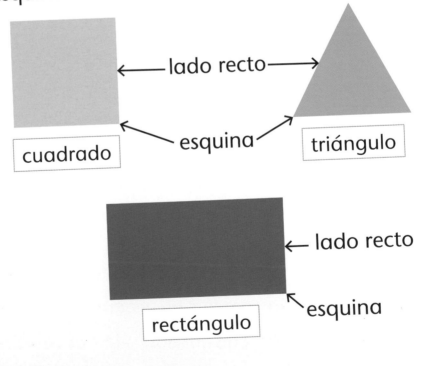

←——lado recto——→

←———esquina———→

cuadrado

triángulo

← lado recto

↖ esquina

rectángulo

Algunas figuras no tienen lados rectos ni esquinas.

El círculo no tiene lados rectos ni esquinas. El círculo tiene un lado que se dobla, o **curva**.

lado curvo

círculo

—¿A dónde vamos? —pregunta Fara—.
¿Cuál es la sorpresa?

—¿Vamos al zoológico? —pregunta Kamal.

—Les mostraré la sorpresa, pero primero, tienen que encontrar 2 figuras más —dice el papá.

—¡No hay figuras geométricas en el zoológico! —dice Fara.

—¿Ven el triángulo? —pregunta el papá.

Kamal y Fara buscan un triángulo mientras caminan.

—¡Mira! ¡El letrero de la **pizza** es un triángulo! —exclaman los niños.

—¡Sí! —dice el papá—. La porción de pizza es un triángulo.

—¿Tenemos que encontrar otra figura? —pregunta Kamal.

METRO

estación de metro

SABELOTODO

El metro es un tren rápido que viaja por la ciudad. Casi siempre va por debajo de la tierra.

—Sí, la última figura que tienen que encontrar es un círculo. Encuentren un círculo en la **estación de metro** —pide el papá.

Kamal y Fara bajan las **escaleras** del metro con su papá.

—No vemos ningún círculo —dice Kamal.

Parque de diversiones

Autobuses urbanos

A donde quieras

un tren en una estación de metro

El tren del metro es un gran rectángulo. Las puertas y ventanillas del tren también son rectángulos.

Los niños y su papá van en el tren. Kamal y Fara no ven ningún círculo.

18

—¡Por favor, dinos cuál es la sorpresa! —pide Fara.

El papá se ríe y mira por la ventanilla.

—Primero encuentren un círculo —les dice.

—¿Dónde habrá un círculo? —se pregunta Kamal.

noria

Kamal, Fara y su papá salen del metro. En ese momento, ven una gran **noria**.

—¡Esa es la sorpresa! —anuncia el papá.

—¡Ahora sí vemos el círculo! —gritan Fara y Kamal.

—¡Ese sí que es un GRAN círculo! —dice Kamal.

Kamal y Fara también ven otras figuras geométricas.

—¡Veo cuadrados y triángulos! —exclama Fara.

Kamal, Fara y su papá se montan en la noria. Suben y suben.

—¡La noria es divertida! —dicen Kamal y Fara.

Kamal y Fara miran hacia el suelo. Ven muchas figuras geométricas abajo.

—¿Les parece divertido aprender las figuras geométricas? —les pregunta el papá.

—¡Sí! —exclaman contentos Kamal y Fara.

Encuentra las figuras geométricas

¿Puedes ver las diferentes figuras geométricas? Este parque tiene cuadrados, rectángulos, triángulos y círculos. ¡Encuéntralos!

NIÑOS JUGANDO

7

5

4

2' 3

1

A B C D